Paul Weismantel

Wie gut, dass es dich gibt

Ein Dankeschön

Schwabenverlag

Wie gut, dass es dich gibt!

Wem das gesagt wird, der ist ein glücklicher Mensch. Wer das von sich und anderen denkt, weiß zu schätzen, was einem im Leben alles geschenkt wird.

„Wie gut, dass es dich gibt!“ Das sagen Liebende oft zueinander. Das sagen manche Menschen viel zu selten. Das kann einem gar nicht oft genug gesagt werden. Wer sich diese Zusage zu Herzen gehen lässt, spürt auch, welche Kraft in ihr steckt, wie wohltuend und heilsam dieses Wort im Innersten wirkt.

„Wie gut, dass es dich gibt!“ Wer wünscht sich nicht, dieses Wort von Zeit zu Zeit zu hören? Es drückt aus, wonach wir Menschen uns sehnen, was wir uns wünschen, was wir brauchen, um wahrhaft leben zu können. Die folgenden Zeilen wollen es durchbuchstabieren und weitersagen, sie wollen es beleben und weiterschenken. Sie wollen damit ein erfrischendes und kräftiges „Dankeschön“ überreichen und zum Ausdruck bringen, wie sehr diejenigen geschätzt werden, denen es gilt. Wer „Danke“ und „schön“ sagen kann, übt sich in der Kunst eines achtsamen und aufmerksamen Lebensstils. Ein solcher Mensch bereitet anderen und sich den Weg zum Staunen und zur tiefen Freude. Dadurch werden andere daran erinnert, wie kostbar das Leben ist, auch wenn es nicht immer nur schön sein kann, auch wenn man sich nicht pausenlos daran freuen kann. Manchmal hören und erfahren es die Menschen am wenigsten, denen es am meisten gebührt: diejenigen in unseren Gemeinden

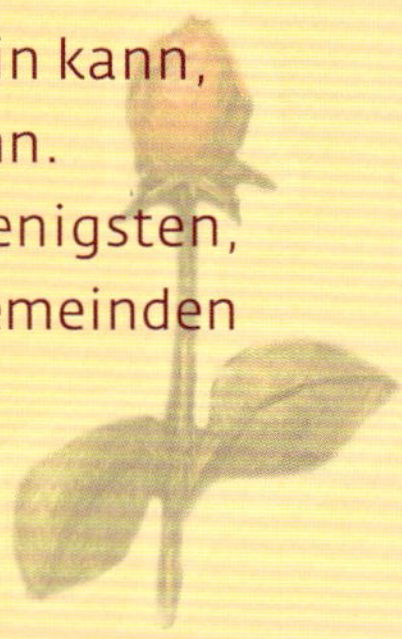

und Gruppen, die nicht immer im Licht der Öffentlichkeit stehen, die vieles im Hintergrund und im Verborgenen tun, ohne großes Aufsehen, unspektakulär. Sie sind es, die selbstverständlich mitsorgen, vorbereiten und aufräumen, die bereits da sind, wenn andere noch auf sich warten lassen, und noch da bleiben, wenn andere längst schon gegangen sind.

Wie oft geschieht allein dadurch viel Gutes, dass jemand da ist, ohne eine besondere Aktion zu starten. Dasein für jemanden, der gerade einen Menschen braucht, der ihm zuhört, der ihn annimmt und so sein lässt, wie er ist. Wir können einem anderen Menschen sein Glück oder seine Last, seine Lust oder seinen Frust nicht abnehmen, sondern vielmehr achtsam, wachsam und aufmerksam wahrnehmen, was ist und wie es ist. Wer sieht es schon, wer bemerkt es schon?

„Weißt du, wie viel Sternlein stehen?" So singen wir im Kinderlied. Ich möchte diese Frage umdichten und all denen widmen, die so ein Stern am mitunter nächtlichen Himmel des Lebens für andere sind. Wie oft ist mir selbst wieder ein neues Licht aufgegangen, wo vorher alles nur noch Grau in Grau war? Wie oft habe ich selbst erfahren, wie gut es tut, wenn jemand liebevoll an mich denkt? Wie oft hat mir ein wohlwollender Blick weitergeholfen, wo ich gemeint habe, es sei alles umsonst.

Der den Himmel und die Erde, die Sterne und die Menschen erschuf, er weiß um die Vielzahl der Gestirne in Menschengestalt. Er zählt sie nicht nur, sondern er kennt sie persönlich mit Namen. Er freut sich an ihnen und an der Leuchtkraft und positiven Ausstrahlung, die von ihnen ausgeht. Er weiß um die heilende und aufbauende Atmosphäre, die sie verbreiten.

Ehrenamtliche …

… gehören mit ihrem Engagement zu einem großen unsichtbaren Netz von Menschen guten Willens, ohne die in unserer Gesellschaft, in unserer Kirche viele Dienste überhaupt nicht mehr möglich wären.

… bringen sich mit ihren jeweiligen Fähigkeiten ein. Für die Mitarbeit in der Gemeinde braucht es viele Menschen: laute und leise, spontane und nachdenkliche, tröstende und kämpfende. Alle Gaben sind wichtig.

… müssen nicht alles „perfekt" machen. Manches kann man getrost in Gottes Hände zurücklegen, weil es mehr als menschliches Tun und Können braucht.

… müssen nicht Vollgas geben, bis sie ausgebrannt sind. Wer mit seinen Kräften haushält, tut Gutes für sich und seine Mitmenschen.

… sind Menschen, die viel Zeit investieren in ihre Aus- und Fortbildung, um ihren Dienst qualifiziert ausüben zu können.

… sind immer auch Beschenkte. Ehrenamtliche erleben, dass sie geben und nehmen, dass sie Freude und Dankbarkeit zurückbekommen und dass sie in der Begegnung mit anderen Erfahrungen machen, die den Horizont weiten.

Ach, du liebes Ehrenamt!

Wie mag dir oft im Innersten zumute sein? Wenn es in Gremien und Räten endlose Debatten und Diskussionen gibt und man sich in vielen Fragen nicht einigen kann.

Wenn es ungeheuer anstrengend ist, einander aufmerksam zuzuhören, einander ausreden zu lassen, einander nicht ins Wort zu fallen oder die Worte im Mund zu verdrehen. Wenn Entscheidungen getroffen werden müssen, ohne dass alle dahinter stehen können. Wenn die Beteiligten den Eindruck haben, hier geht es immer nur um andere, um irgendwelche Angelegenheiten, aber nie um mich.

Was mag dir am Herzen liegen, du gute Erfindung? Wenn es so schwierig ist, dich richtig einzuschätzen und zu verstehen? Wenn so getan wird als seiest du das totale Auslaufmodell, nur weil sich vieles an dir verändert und wandelt.

Was magst du denken, wenn du all das hörst, wie du hochgejubelt oder schlechtgeredet wirst, wenn man dich lächerlich macht, dich deiner Verantwortung beraubt, wenn dein Ruf ruiniert wird, wenn du schöngeredet wirst, ohne zu berücksichtigen, welche Nebenwirkungen du oft mit dir bringst?

Ehrenwert und Ehrensache – das klingt so selbstverständlich, wie es andererseits überhaupt nicht ist. Ehrungen werden manchmal als komisch empfunden, wenn Orden verliehen werden und einem dabei Menschen einfallen, die ihn viel eher verdient hätten.

Ehrenamt, du bist der Rede wert, weil ohne dich vieles in unserem Land, auf der Welt und in unserer Kirche viel schlechter aussähe.

Was wären wir ohne dich? Wo kämen wir hin ohne dich?

Liebeserklärung

Darum soll dies eine Liebeserklärung an das Ehrenamt sein und all jene, die es innehaben und ausüben.

Du bist der aufmerksame Blick, das wache Auge, das Fingerspitzengefühl, das an all jene denkt, die so leicht übersehen und übergangen werden. Du bist mit Geld nicht zu bezahlen, weil du dich auch dort engagierst, wo es keine finanzielle Unterstützung gibt. Du tust vieles, was für andere kostbar und wertvoll ist, ohne eine Rechnung dafür zu schreiben.

Du bist die Triebfeder und der Ansporn für viele gute Werke, du bist die gute Seele, über die manchmal gelächelt wird. Du bist auch die kritische Zwischenfrage und der O-Ton des Querdenkens, wo es notwendig ist. Du bist die freiwillige Feuerwehr, der Liederkranz, die Sportgruppe, der Helferkreis, der Familienkreis, der Bibel- und Gebetskreis, der Kreis der wachen und engagierten Christinnen und Christen.

Du bist viel besser als dein Ruf. Du wirst oft genug in Verruf gebracht, wenn andere es besser wissen und auf dich mit dem Finger zeigen, weil man sich an dir nur die Finger schmutzig macht oder Ärger einhandelt. Du wirkst manchmal wie das schüchterne Hausmädchen, wie die lebenserfahrene kluge Frau, wie der gereifte und gelassene Greis, wie der aktive junge Mensch.

Du hast viele Namen und Gesichter. Man sieht dich da und dort, unterwegs bei den Menschen, auf dem Weg zu denen, die sonst keinen Besuch mehr bekommen; als Anwalt derer, die nicht für

sich selbst sprechen können; als Hilfestellung für diejenigen, die sich selbst nicht mehr helfen können.

Du bist manchmal wie ein guter Engel, unbemerkt und doch so nah, unaufdringlich und doch hilfreich, lautlos und achtsam. Auf leisen Sohlen kommst du daher und bist auch schnell wieder verschwunden.

Du machst vieles möglich, was es ohne dich nicht gäbe. Du belässt es nicht bei tollen Ideen und guten Vorschlägen oder altklugen Ratschlägen, sondern du packst an, wo es notwendig ist, und linderst damit manche verborgene oder weit bekannte Not. Du denkst mit dem Herzen und fühlst mit dem Verstand. Du gehst und stehst und handelst, wo jedes Wort zu viel ist. Doch du ergreifst auch das Wort, wo trotziges und frostiges Schweigen andere mundtot gemacht hat.

Du gern gesehener Gast, du Spülfrau, du Organist, du Vorsitzende im Sachausschuss, du Vorbeter und du Mitdenkerin, du, die einfach da ist, wenn sie gebraucht wird. Du, der die Kirche schmückt, die Wallfahrt plant, den Familiengottesdienst mitvorbereitet und mitgestaltet. Du Mitarbeiter im Pfarrbriefteam oder im Seniorenkreis, du Mitarbeiterin im Arbeitskreis „Eine Welt", in der Ministrantenarbeit oder im Club der Nachdenklichen, du gestandene Frau in der Gruppe für Alleinerziehende oder Alleinstehende, du Mann oder Frau in der Selbsthilfegruppe für Angehörige von psychisch Kranken oder Trauernden.

Ihr habt schon oft persönliche Interessen und eigene Vorlieben zurückgestellt, um mitzuhelfen, weil es sonst zu wenige gewesen wären.

Werktägliche Danklitanei für Ehrenamtliche

Für Begeisterung und blühende Phantasie
im Umgang mit Kindern und Jugendlichen.

Für geschenkte Zeit und Kraft
mit Alten und Gebrechlichen.

Für offene Ohren und hörende Herzen
im Umgang mit Klagenden und Trauernden.

Für hilfsbereite Hände und freundliche Blicke
gegenüber Unbeholfenen und Schüchternen.

Für gute Worte und kleine Geschenke
bei Sprachlosen und Mutlosen.

Für die Engelsgeduld und die Sanftmut
mit Unbeherrschten und Aufgebrachten.

Für Trost und Unterstützung
gegenüber Kranken und pflegenden Angehörigen.

Für Nähe und gute Begleitung
von Schwierigen und Enttäuschten.

Für rechtzeitigen Rückzug und ein klares Nein
gegen die schleichende Gefahr der Vereinnahmung.

Segenswünsche

Möge Gott dir den Mut schenken,
den man braucht für den ersten Schritt,
um auf verschlossene Menschen zuzugehen.

Möge seine zärtliche Kraft durch dich jene
berühren, die dir begegnen und von ihrem Leben
erzählen, die sich freuen über dein offenes Ohr.

Möge ein guter Rat über deine Lippen kommen,
auch wenn du oft nicht weißt, was du sagen sollst,
der einem Traurigen ein neues Licht aufgehen lässt.

Möge das aufatmende Wehen der Liebe
dich beflügeln und dir neue Kraft schenken,
wenn eigene und fremde Lasten dich bedrücken.

Möge der treue Gott dir den Rücken stärken,
wenn andere dir in den Rücken gefallen sind
oder Kummer und Sorgen dich beugen.

Möge der Glanz der aufgehenden Sonne
sich auf deinem Gesicht spiegeln,
wenn so manche Schatten deinen Blick trüben.

Möge ein Engel der Stärke hinter dir stehen,
wenn du Nein sagen musst, um dich abzugrenzen
und gut für dich selbst zu sorgen.

Möge der Engel der Langmut dich unterstützen,
wenn dich deine Aufgaben fordern
bis an die Grenzen deiner Belastbarkeit.

Möge der Engel des Humors dir Schwung geben
und dir zeigen, wie manches spielerisch leichter geht,
ohne den Ernst einer Sache zu verraten.

Möge der Engel der Musik dich beflügeln,
wenn du verstimmt bist und vergessen hast,
manchmal ganz einfach auf alles zu pfeifen.